北欧に学ぶ
小さな
フェミニスト
の本

サッサ・ブーレグレーン 作

枇谷玲子 訳

岩崎書店

Lilla Feministboken
Copyright©Sassa Buregren,2006
Published in agreement with Koja Agency through Meike Marx Literary Agency, Japan

ハンナ、モーンス、スサン、ヒルダ、リーナ、レイラ、
ヨリンダ、お空の上のエッバおばあちゃん。みんな、ありがとう。

1章

エッパの気づき

世界の権力者たち……

　エッバが朝ご飯を食べながら、新聞の4コマ・マンガを探しています。すると、あるものに気づきました……。

この写真です。

G8ジェノバ・サミット （写真：トニー・センター／SCANPIC／ロイター）

世界の権力者 日本の小泉純一郎首相、英国のトニー・ブレア首相、アメリカのジョージ・W・ブッシュ大統領、フランスのジャック・シラク大統領、イタリアのシルヴィオ・ベルルスコーニ首相、ロシアのウラジーミル・プーチン大統領、カナダのジャン・クレティエン首相、ドイツのゲアハルト・シュレーダー首相ら、G8の首脳が、集合写真をとるために集まった。

G8とは、世界で最も豊かな8か国のリーダーと欧州理事会議長、欧州委員会委員長による集まりのこと。
（2014年、ロシアが参加資格停止となった）
経済や外交問題について話しあうため、年に1回、集まる。

『世界の権力者』、ですって！　何なの、それ？　世の中の大事なことを決める人たちってこと？　似たようなスーツ姿のおじさんが８人！　一体、どうして？　どうして女の人がひとりもいないのよ？　女の人はえらくなれないの？　わたし、将来はEU（欧州連合）の議長になりたいって思ってたのに……こんんだったら、別の夢を持った方がいいのかな？

ううん、本当はこうあるべきなのよ。

世界の権力者(けんりょくしゃ)

そうしたら、よりよい決定がされて、世界がうんとおもしろくな
る。子どもにとって、ううん、みんなにとって、その方がいいはず
よ！　だれもが遊び、楽しむことのできる世の中を作るべきだわ。ど
の子もペットを飼わせてもらえ、食べたいだけおかしを食べられる
世界を。365日、夏休みで、海水浴日和だったらいいのに……あ、で
も……やっぱり、あんまりよくないか。でも、どっちにしろ、おじ
さんばかりに決められちゃうよりは、ましだ。
　じゃあ、この写真のどこがおかしいんだろう？　エッバは考えた。
何かヘンだ。この世の中には、若者もお年よりも、男の人も女の人
も、白人も有色人種もいるはずだ。なのに、どうして大事なことを
決める人の中に、アジア人はひとりしかいないんだろう？　そんな
の不公平だ！　人にはみな、価値がある、って言うわりに、どうし
てこうも世界はおじさんたちに牛耳られているのよ？

では、こうだったら、いいのでしょうか？

世界の権力者(けんりょくしゃ)

うん。でも現実はちがう。どうして世界の権力者の写真に、女の
人がひとりも写っていないの？　本人たちが望んでいないから？
それか、入りたくても入れないの？　この８人以外はみな、１日
中、会議に出てないで、楽しみたい、大事な決定になんて別に加わ
らなくていい、って思っているわけ？

　おじさんたちも本当はお日さまの下で、子どもたちと遊びたいの
に、泣く泣く会議に出ているとしたら？　スーツ姿のおじさんたち
は、地球上で一番、頭がいいの？　そこに女の人が急に入ってきた
ら、大変なことになるのかな……？

　ううん、そんなわけない。不公平だわ！　これは、調べる必要が
ありそうね。何からはじめたらいいか、エッバには、はっきりと分
かっていました。

調査開始

　エッバはさっきの新聞の写真を、いとこのヨリンダに送りました。ヨリンダはエッバより少し年上で、すっごく頭がいい女の子です。エッバはヨリンダにだったら、何でも話せます。
「世の中で大事なことを決めるのは、何でおじさんばかりなの？」
「そんなことないわよ。でも確かに、男の人の方が意見を言いやすいし、聞いてもらいやすいかもね」とヨリンダが答えました。
「どうしてなの？」
　　　　「ずっとそうだったからよ」
　　　　　「ずっとそうだったから、ですって？　そんなの不公平じゃない！　ずっとこのまんまなんて、おかしいわよ！」
　　　　　「わたしたちが変えないかぎり、変わらないのよ」

「わたしたちって?」
「男と女が、同じ機会を得られるようにしたいと思う人、みんなよ」
「何ですぐ変えちゃわないわけ?」
「ずっと今まで続いてきたものを変えるのは、簡単なことじゃないわ。時間が必要なの。それに聞き分けの悪い、めんどくさいやつって思われたら大変。そのままにしておく方が、ずっと楽なの。特に男にとってはね。でもわたしたちが、立ち上がるのよ。だいじょうぶ!　同じ思いでいる人は、たくさんいるはず。人が集まれば集まるほど、物事はスムーズに進むものなの」
「そうなんだ。でも、わたしは何をすればいい?　何からはじめよう?」
「エッバ、あなたはとっくに足をふみ出しているじゃない!　新聞の写真を見て、怒っていたでしょ?　不平等に気づくのは、立派な第1歩よ。次のステップは、どうやって変えたらいいか、考えること……」

15

フェミ・クラブ

　エッバは今、友だちと話しはじめたところです。世の中がとんでもなく不平等だと気づいているのが、自分だけかを知りたくて。

　ほかの子たちも、どうやら気づいていたようです。例えば、となりの家のイルヴァとフィーナ。2人はアイデアマンで、頭がよく、自分で考えられる子たちです。それにシーモンやアクセルといった、気さくな男の子たちも。

　こうして、ちょっとしたクラブが作られることになりました。正義を求める5人の仲間たち。名づけてフェミ・クラブ。フェミとは、男女平等を目指し、女性の権利を求める思想、フェミニズムの略です。

17

　フェミ・クラブのメンバーが、不平等について話すため、集まりました。
「女の子は、傷つきやすくて、か弱いと思われる。おしゃれや男の子にしか興味がないとも」
「男はサッカーや乗り物の運転が上手なものと思われている。どんな時も強く、たくましくなきゃならないとも」
「どうして自然な姿でいちゃいけないんだろう？　太りすぎていても、やせすぎていてもいけない。髪がうすいのもダメ、お腹が出ているのもダメ」
「自分が好きな服を着るのも、許されない気がするわ。まるでどうあるべきか、ほかのだれかにいつも決められているみたい」

「お姉ちゃんのクラスでは、女の子の方が成績(せいせき)がいいんだって！」
「クラスの男子って、うるさくて仕方ないよね。静かにさせようと先生が大声で怒鳴(どな)るから、ちっとも授業(じゅぎょう)が進まないわ」
「音楽のプロモーション・ビデオも、どうかしてるわよね。女の子がみんなでつっ立って、なよなよしたポーズをとって、バカみたい！　大切なのは、いい音楽かどうかでしょ？」
「男だって、ポーズをとるじゃないか！　男らしいポーズを」
「広告に出てくるような女の子、どこにもいないよね」

議論が白熱し、リストはどんどん長くなっていきます。もっと調べなきゃ、とメンバーは思いました。不平等について。昔の人たちがどんな風にたたかってきたのか。調べたことから、何か学ぶところが、あるかもしれません。

　その後、絶対に破ってはならないルールを決めました。まわりの期待に応えることばかり、考えちゃいけない。他人からどう思われるのかばかり、気にしない。ありのままでいよう。弱かろうと、強かろうと、図太かろうと、おく病であろうと、うるさかろうと、怒りっぽくあろうと、別に構わない。自分の気持ちに正直になろうよ。そして、したい格好をしよう。それにほかの人も、自由にさせてあげるんだ。

「ぼくたちにもモットーが必要だね！」

　そろそろ家に帰らなくちゃ、とみんなが思いはじめたころ、そんなことを思いついたのはアクセルでした。しばらくみんなで熱心に話しあい──よし、決まった。

フェミ・クラブのモットーはこう。

わたしは、わたし。そのままの自分でいさせて！
ぼくはぼく。そのままのぼくでいさせて！

「まわりのことなんか、気にしない、気にしない！」と言って、フィーナが笑いました。

2章

おこるメアリー

女の子は虫がこわい？

「きゃあ、助けて。ラズベリーに虫がいる！　気持ち悪い！」

「エッバ、しっかりしなさい！　なんてことないちっぽけな虫けらじゃないか！　おばあちゃんが子どものころ、女の子は小さな虫すらこわがるものとされていた。でも、今はちがうだろ！」

「どうして、昔はそう思われていたの？」

「ただそれが、ふつうだったからさ！　おばあちゃんは、いつもこう言われてたんだ。『気をつけて！』『危ない！』『よごれちゃう！』昔は女の子と男の子とで、育て方がちがっていた。男の子は強く、女の子は玉のように美しく、清潔でなくてはならなかった。それに、おしとやかで優しくね」

「何それ、ヘンなの！　おばあちゃんが、おしとやかで優しい、ですって？　冗談でしょ！」

「いいかい？　今の子が自由なのは、昔の子よりかしこいからじゃない。強くて自立した子になるよう、育てられただけのこと。『だいじょうぶ、できるよ！』って言われれば、子どもは何でもできる、って思うものなんだ」

「でもおばあちゃんが小さいころは、どうして、そんなだったのかな？　強いのは、いけないことだったの？」

「話は原始時代まで、さかのぼる。男は家族をあらあらしい獣から守る責任があった。だから強くて、たくましくなきゃいけなかったんだ。女は子どもを産み、火の番をしなくてはならなかったから、めんどう見が

24

よくて、がまん強くなくては、ならなかったんだ。人類が生き延びるために、必要なことだったんだよ」
「でもおばあちゃんは石器時代に生きていたわけじゃないでしょ」
「ああ。でも社会が変わっても、男女の役割は何千年も変わらなかった」
「でも今はちがうわ!」
「ああ、いよいよしびれを切らした女たちが、男と同じ権利を手に入れようと動き出した。女が権利を手に入れられたのは、当時、決定権を持っていた人たちが親切だったからだなんて、早とちりしちゃいけないよ。わたしたちが今、めぐまれているのは、昔の女の人たちが、権利を勝ち取ってきたからなんだ!」

「小さな子ども、特に女の子は自分がすることさえ決めさせてもらえない。そうして女の子は、自立心を失っていく。それは自然なことだと言われているけど。男の子はすみ切った空気の中、くたくたになるまで走り回ることが許されるのに、女の子は大人しく、家にこもっていなくてはならない」

そうメアリー・ウルストンクラフトが書いたのは、200年以上昔のことでした。本の題名は、『女性の権利の擁護』（1980年、未來社、白井堯子・訳）。すべての女性運動のもとと考えられる、とても重要な書物です。

この時代、ヨーロッパで、新しい思想やアイディアが次々に生み出されました。人々が貧困やきつい労働にさらされていた時代も終わり、ヨーロッパは転換期をむかえつつありました。フランスで革命が起こり、社会全体が大きく、急速に変わりつつあったのです。それは自由と平等、それに同胞愛をかけたたたかいでした。ところが女性を取り巻く環境は、何ら変わる気配が見られませんでした。

メアリーはそのことに、ひどくいきどおっていたのです！　彼女は激しいいかりを筆に任せ、1冊の本をあっという間に書き終えました。18世紀の女性のあつかいについて、わき上がるいかりから書き上げた抵抗の書を。

当時の女の子は大人しく、温和で、３歩下がって男性についていくような、ひかえ目な女性になるよう育てられたのです。その時代、女性はせん細で傷つきやすく、おろかで間抜けなものと考えられていました。メアリーは女の子も、快活で、先見の明を持ち、自分の特技を生かし、生きていけるようになれば、と願っていました。自分で考えることができ、自由で自立した人間に育つようにと。

　今のわたしたちにとっては、当たり前のことですが、メアリーの時代はちがっていたんです。メアリーの本は、センセーショナルで危険と見なされました。「女が家庭以外に関心を持ち出したら、大変なことになる。メアリーってやつは、おかしなとんでもない女だ」と考える人が大勢いました。

　一方で、彼女を賞賛する人もいました。やがて権利を求める女性がじょじょに団結しはじめると、彼女の本が大きな意味を持つようになります。本は再販され、ヨーロッパの国々やアメリカに広がっていきました。

「おばあちゃん、その本、読んだの？」

「ああ、確かこの辺りにしまったはずだけど」とおばあちゃんは言

うと、本だなから文庫本を取り出しました。
「あら、すごく新しそう！」
「ああ、不思議だろう？　この本は、メアリーが亡くなって200年たってから、ようやくスウェーデンで出されたんだ！」
「どうして？」
「さあね。本が広まると困る人でもいたのかね。それか、こんな本、売れるわけないし、お金にならない、と思われたのかもしれない。でも、重要な本であることに変わりはない」
「でも18世紀に怒っていたのは、メアリーだけだったの？　どうしてメアリーの名前は今でも知られているの？　メアリーって一体、何者？」
「はい、はい。確かここの序文ってところに、メアリーについて書いてあるはずだよ」

メアリー・ウルストンクラフト
1759—1797

　メアリーは新しくできたジェーンという友だちと家に帰るところです。メアリーの家は、最近ヨークシャー州に引っこしてきたばかり。こんなにすぐ友だちができたことをうれしく思っていました。

　ジェーンの家ではとても楽しく遊べました。世界で起きている出来事や、本について話をしたのです。何より素晴らしかったのは、ジェーンのお父さんが哲学の話をしてくれたところでした。人として生きるとは、どういうことなのか、自分は何者か、真実とは何なのか。

　メアリーがずっとひとりで考えてきた、答えのない問いでした。そして彼女はある素晴らしい本を見つけ、夢中で読みました。

　メアリーの家庭環境はよくありませんでした。彼女は覚えていられないぐらい、何度も転校させられました。頭に残っていたのは、うんざりした記憶だけ。新しい学校、新しいクラスメイトになじもうと、メアリーはいつも必死でした。男の子だったら、まだマシだったのに！　お兄さんや弟のように寄宿学校に入れるから。でも寄宿学校は高いから、男の子しか行かせられない、とお父さんに言われました。「もう、なんて不公平なの！」メアリーはなげきました。

メアリーは仕事ができる年ごろになると、教養のある女性の*メイド兼話し相手の仕事をはじめました。メアリーはメイドの仕事でお金をかせぎながら、ドイツ語とフランス語を学びました。それに妹のイライザと親友のファニーと準備を少しずつ進め、学校を開きました。大の読書家でもあったメアリーは、作家や哲学者らと手紙の交換をするようになりました。そこで彼女は豊かな人や権力者だけでなく、すべての人に等しく価値があり、みんなが社会に参加し、決定権を持つべきだという、18世紀に発展しつつあった民主主義という新しい思想にふれたのです。

　ところが親友のファニーが病気で亡くなり、学校を閉めざるをえなくなりました。それからロンドンに引っこし、そこで本を書きはじめたメアリー。1冊目の本の題名は、『むすめの育て方についての考え』。

　メアリーはその後、むすめを2人授かりました。ひとり目の子にファニーという名前をつけました。2人目を産んだ後、メアリーは亡くなってしまいました。当時、お産で亡くなる女性が多かったのです。子どもにはメアリーの名前がつけられました。メアリー・ウルストンクラフトのむすめ、メアリー・ウルストンクラフト・シェリーは大人になると作家になりました。彼女の名前を世に知らしめたのは、『フランケンシュタイン』という作品でした。

*メイドとは主人につかえ、単純な家事手伝いをする仕事でした。メイドは労働の引き換えに、食事と部屋とささやかな給料をもらえました。

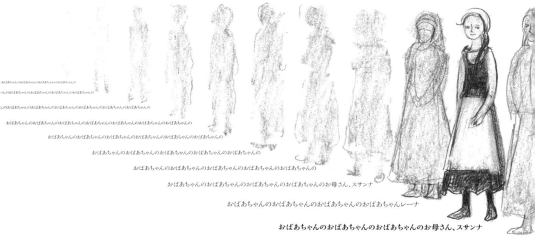

おばあちゃんのおばあちゃんのおばあちゃんのお母さん、スサンナ

おばあちゃんのおばあちゃんのおばあちゃんのヨハンナ

おばあちゃんのおばあちゃんのお母さん、

おばあちゃんの

「じゃあ、ほかの女の子は？ メアリー以外にも怒っていた子はいたはずよね？」

「ああ、そうにちがいない。だが声を上げたりはしなかった。いや、数百年たった今では、そういうこととされている。当時の女性のことは、あまり分かっていないんだ。歴史の資料には、戦争や王様のことばかり書かれているからね。わたしたちの祖先のおばあさんたちのことは、大して分かっていないんだ」

「ここで待ってて」とおばあちゃんは言うと、本だなをまたごそごそと探りはじめました。しばらくすると1枚の紙をたなから取り出しました。

サーラ・マリア
おばあちゃん、エッバ・マリア
おばあちゃんのお母さん、ブリッタ
おばあちゃんシャスティン
お母さん
エッバ

「このメモは、わたしが先祖について調べた時に書いたものなんだ。18世紀のところをごらん。これはスサンナ・マウヌスドッテル。メアリーが英国にいた時代の子なんだ。ただしスサンナはスモーランドのヴィーセンボーの牧場に暮らしていたがね。彼女があんたのおばあちゃんの……のおばあちゃんの……のおばあちゃんの母親か調べてみよう……！」

ヴィーセンボーのスサンナ

　スサンナ・マウヌスドッテルがやって来ました。井戸で水をくんできたところです。終わったら、ニワトリにエサをあげなくてはなりません。スサンナは1日中、働きました。この小さなヴィーセンボーの農場では、みんなが働き手でした。ヴィーセンボー農場があるロンガルードゥには、学校はありませんでした。かわりに教会の時計調整師が、地域の子どもたちに聖書や賛美歌集、教理問答集が読めるよう、読み書きを教えていました。聖書や賛美歌集はスサンナが読んだことのある本でした。新聞もここロンガルードゥの村では、売られていないものもありました。

　　男の子と女の子のあつかいにも、大きな差がありました。このころ、女性は家をつぐことが許されず、一生、未成年とされていました。まだ子どものうちは、父親に決定権をにぎられていました。結婚したらしたで、今度は夫の命令に従わなくてはなりませんでした。夫は時に妻をなぐることさえも許されていたのです！　夫が亡くなってし

まった場合にかぎり、女性も成年と見なされ、自分の人生について決めることを許されました。また農家に残って、年老いた両親の世話を一生させられ、結婚を許されない女性も多くいました。

スサンナは一体、どんな格好をしていたのでしょう？ ほかの女の子たちと同じように、ロングのワンピースを着ていました。歩きづらいし、木に登るのなんて絶対、無理。髪は結婚するまでは絶対、背中の後ろで３つ編みにしなくてはなりませんでした。髪を下ろした姿は、夫になる人にしか見せてはいけません。なのでショールで髪を隠さなくてはなりませんでした。

「スサンナは抗議しなかったの？ そんなのすっごく不公平よ！」エッバがおばあちゃんにたずねました。
「さあね。ほかの生き方があるって、知らなかったんじゃないかな。でも時々、男の子に生まれたらよかったのにとか……もっといろいろな本が読めたら、って思うこともあったかもしれないね」
「そう。でもどうして本がなかったの？」
「そのころの社会は、今とまるでちがって、貧富の差が激しかったんだ。かぎられた人がお金と権力を独占し、教育を受けられた。そういう人たちは立派なサロンで本を読めた。スサンナには手の届かない世界さ」

ストックホルムのフェミニスト詩人たち

　お金持ちの家の女の子は教育を受けさせてもらえました。父親の中には、成熟した、自由な思想を持ち、むすめに男の子と同じ教育を受けることを許す人もいました。ヘードヴィグ・シャロッタ・ノーデンフリクトや、アンナ・マリー・レングレンの父のように。作家である２人の名前がスウェーデンでよく知られているのは、彼女たちの本を今でも読むことができるからです。

　ヘードヴィグ・シャロッタ・ノーデンフリクトは、女性の地位について、さまざまな意見を持っていました。空想をし、芸術作品を創り、家の外で働くのは、自分の権利で、義務でもあると考えたのです。彼女は『女性の擁護』という詩にこう描きました。

　「あなたは知恵と情熱、感情と欲望を備え、生まれたのです。
　　男性と――完ぺきな人間と同じように」

アンナ・マリー・レングレンも詩を描きました。彼女の代表作のひとつは、『愛するむすめに贈る言葉──もしもむすめがいたのなら』。それは、こんな詩でした。

「読書は時間のムダなんかじゃない。
　　男か女かは関係なく。
　　ただし読む時は、急いで。
　　ソースが焦げてしまわないように」

　詩全体はとても長くて、33行もありました！　でも彼女は一体何を言っているんでしょう？　本を読むのがムダなどと、文句を言われなくちゃならないなんて！　でも詩からは、不平等に対するいかりは特に感じられません。でも実際、彼女は怒っていたのです。この詩は、彼女の思いの裏返しであり、皮肉がこめられていました。皮肉っていうのは、いかりを沈めるための技でもあるのです。もちろん、相手が皮肉と気づかないことも、ありましたが……。

3章

せんきょけん
選挙権

おばあちゃんのおばあちゃん、
エッバ・マリア

ヴィーセンボーのスサンナについては特に、分かっていることが少ないようです。でも彼女について、ひとつだけ確かな情報があります。ヨハンナというむすめができたことです。そしてヨハンナにサーラ・マリアというむすめが生まれ、サーラ・マリアにエッバ・マリアというむすめが生まれ……。

……そして今、エッバ・マリアがあでやかな服に身を包み、新しいぼうしをかぶり、やって来ました。今日はお祝いの日。エッバ・マリアは今日、生まれて初めて投票に行くのです。時は1921年。この年、エッバ・マリアをはじめとするスウェーデン人女性は、ようやく選挙権を得たのです。

エッバ・マリアは28歳。ストックホルムで、メイドとして働いていました。本当は先生になりたかったのですが、お父さんに反対されてしまったのです。ハランドの町の先生も牧師も、エッバ・マリアに教師になるための勉強をさせてはどうかとお父さんを説得しようとしてくれたのですが、その声は届きませんでした。お兄さんのビルゲルとイーヴァンも、大学にやれなかったのに、頭がよいとはいえ、女の子を大学にやるわけにはいかない、と言うのです。

　エッバ・マリアは裁ほうを習いに、ハルムスタッドの町に行くよう言われました。でも彼女の本当の夢は、ストックホルムに行くことでした。ストックホルムはにぎやかで、おもしろい町だそう。そこで彼女はストックホルムへ上京し、ほかの女の子たちがしていたように、メイドとして働くことにしました。

　彼女は最終的に、ヒルディンという美しい青年と出会い、結婚しました。やがて2人の間に、ブリッタという女の子が生まれました。そのブリッタは後にシャスティンの母親になるのです……。

選挙権

「選挙権はね」とおばあちゃんが口を開きました。「選挙権は、女性解放運動で勝ち取ったものさ。男女平等の階段の大事な1段目だったんだよ」

「でも、どうして？　選挙権がどうして、そんなに大事なの？」

「選挙権を持たないと、社会の大事な決定に、参加できないからさ。いないものとされてしまう。考えてもごらんよ。男の子だけしか、学校の学級会の投票も、生徒会の役員への立候補もできなかったら、どうだい？」

「そんなの、どうかしてるわ！」

「ああ、わたしたちは、そう考えるよね。だ

が、当時は全然ちがってたんだ。女は家で家事をするもの。社会で決定権を持つのは男だけ、とされていたんだ。ずっとそれで世の中、回ってきた。なのにとつぜん、女たちが怒り出して、すべてを変えようとした。男たちがゆずらないのも、無理はないだろう」

「でも不公平を正すのは、よいことじゃない！　どうして変えたくないわけ？　変えられたら、困ることでもあったの？」

「そうだね、エッバ、これは権力の問題なのさ。今まで男が独占してきた権力を、女と分けあわなくてはならなくなれば、男どもの権力が弱まってしまうだろ」

権力って何だろう？

　権力を持つ人は、決めることができます。ほかの人のことを。何が美しく、何がみにくいのかを。何にお金を使うか。そのほか、たくさんのことを……。

　強大な権力をにぎる、世界指折りの権力者もいれば、ネコや何かの小さくて弱いものにしか、影響をおよぼせないほど、ほとんど権力を持たない人もいます。
　権力をよい方向に利用し、ほかの人の役に立つ決定をすることもできます。ところが逆に権力を乱用し、民衆を押さえつけることだってできるのです。

トゥーヴァとソールが、砂場でシャベルの取りあいをしました。ソールの方が、力が強く、シャベルを奪うことができました。この時、権力を持っているのは、ソールです。

クルトとマルテが、砂場でシャベルの取りあいになりました。そこでだれがシャベルを使うべきか、お母さんが決めることにしました。この時、権力を持っているのは、お母さんです。

あなたは新しいジーンズが欲しいです。でもあなたのお母さんには、ジーンズを買うお金がありませんでした。この時、お母さんはお金だけでなく——権力も持っていません。

先生から、あなたの絵は雑だと言われました。でもあなたはその絵に満足していました。そういう絵にしたかったのです。先生はあなたに描き直すよう言いました。この時、権力を持っているのは先生です。

ソフィーはアイスクリームを買いに、自転車でお店へ向かうとちゅう、中1の男の子たちから、「おれたちが今、サッカーをしているんだから、チビは通るな」と言われました。そこは自転車専用路なのに。なのでソフィーは遠回りしなくてはならなくなりました。男の子たちが大きくて、こわかったからです――この時、権力を持っているのは男の子たちです。

エッバは新しいぼうしを手に入れました。校庭で、アレクサンドラたちの横を通りすぎました。「見て、ヘンなぼうし」とアレクサンドラが言うと、仲間たちはどっと笑いました。エッバはぼうしをそそくさと、リュックサックにしまいました。それから2度と、そのぼうしをかぶることは、ありませんでした。この時、権力を持つのはアレクサンドラです。

あなたは黒いセーターが欲しいのに、お母さんにダメと言われてしまいました。「赤ならいいけど」って。この時、お母さんはお金を――そして権力も持っています。

お父さんのパソコンをアップグレードしないと、コンピュータが使えなくなると画面に通知が出たようです。「リーナ、どうしたらいいんだ。助けてくれ！」とお父さんはさけびました。お父さんはパソコンが苦手なのです。「行くけど、先にネコをなでてからね」とリーナは言いました。リーナには知識があります――それに権力も。

サフラジェット

「お父さんがお休みと言いにきた時、
わたしはねたふりをしました。
するとお父さんがかがんで、
悲しそうな声でこう言ったのです。
『男の子じゃなくて、かわいそうに！』」

　その時の記憶が、エメリン・パンクハーストの頭に焼きついて、はなれませんでした。彼女がサフラジェットというグループに入ったのは、おそらくこのことがきっかけでしょう。サフラジェットという言葉は、声もしくは選挙権という意味のラテン語suffragiumから来ています。サフラジェットは、英国で女性の選挙権を得るため、たたかいました。そしてこのたたかいを指揮したのが、エメリンと彼女の2人のむすめ、シルヴィアとクリスタベルだったのです。

　選挙権についての会議と、講演と政府への直訴によって、たたかいの火ぶたは切られました。サフラジェットは通りや広場でまで人々を説得しようとしました。新聞でも女性の選挙権について取り上げられるようになり、やがては英国中で議論されるようになりました。

　サフラジェットは国を思うままにしていた議会に、陳情書を出そうとしましたが、毎回、受け取ってもらえませんでした。おまけに

*サフラジェット：女性参政権を得るために、たたかった英国女性たち

怒鳴られたり、なぐられたり、道路に放り出されたり、警棒でなぐられたり。逮捕され、投ごくされることも、よくありました。

サフラジェットへの、こうした仕打ちを知った市民は、いきどおり、彼女たちを支持する抗議デモをしました。このデモでも、暴力が時々、ふるわれました。牢ごくは、サフラジェットだらけに。彼女たちは、出された食事をわざと何日も食べないことで抵抗しました。すると無理やりにでも食べさせるよう、軍から刑務所に指示が出されました。見張り役が、サフラジェットを押さえつける中、医師たちが女性たちの口に無理やりホースをつっこむ──そんなおそろしい写真が出回りました。写真は英国でもほかの国々でも、嫌悪されました。

サフラジェットの人数は次第に増え、そのたたかいはさまざまな暴力的手段で続けられました。空き家や建物に火をつけたり、ゴルフ場の土をほり起こしたり、ばくだんを投げたり、博物館へ押し入ったり、女性をバカにした絵を破いたり。

1914年、第1次世界大戦がはじまり、何もかもが目まぐるしく変化しました。男たちは戦地に送られ、そこで命を落としました。戦争はおよそ4年半も続き、その間、男たちが残した仕事を女性がすべて担うことになりました。そして政治家はこれ以上、女性に選挙権をあたえないわけにはいかない、と理解しました。こうして1918年、英国の女性が初めて投票できたのです。

その時、スウェーデンでは

スウェーデンの女性たちは長い間、選挙権について、さまざまな問題提起をしてきました。そして1903年、ついに女性の選挙権を求めるLKPR（Landsföreningen för kvinnans politiska rösträtt、女性の政治投票権を求める全国協会）という協会に女性たちが集まりました。

協会の会長にはアン・マルグレート・ホルムグレンが選ばれました。

「協会ができたから、何なの？」ですって？　人が集まれば、みんなで世論を作れるじゃありませんか。世論を作るというのは、自分の考えをほかの人たちに伝え、分かってもらうことです。

協会が分かってもらうべき相手は、スウェーデン議会の議員らでもありました。協会は会議を開いて議論をし、新聞に自分たちの意見をのせてもらいました。

また国中の男性、女性の支持を得る必要もありました。

そのためにポスターやポストカードを印刷し、通りや広場で集会

を開き、ビラを配り、署名を集めました。彼女たちは演説も上手で、各地で講演をし、地方紙に、自分たちの記事を描かせました。

　これらの活動では、暴言や暴力は一切、用いられませんでした。でも議論では言いあいになることもしばしばでした。選挙権を求めた彼女たちは、笑いものにされたり、醜い年増の似顔絵を描かれたり、男ぎらいのモンスター呼ばわりをされたりしました。非難されたのは、女性にかぎりませんでした。この運動に加わる男性は、男の風上にもおけない、と言われたのです。社会が混乱におちいるのをおそれ、「女は家にいるべきだ」、「女の仕事は子どもを産み育てることだ」と言う人も大勢いました。

　1919年5月24日土曜日、ついに選挙権をすべての人たちにあたえようと議会で決められました。このたたかいは35年もの間、くり広げられました。スウェーデンは北欧で女性選挙権が実現された最後の国でした。

　1921年、女性が初めて投票に参加した選挙で、シャスティン・ヘッセルグレン、ベアタ・ヴェリーン、アグダ・ウストルンド、ネリー・トゥーリング、エリーサベット・タムの5人の女性議員が当選しました。

シャスティン・ヘッセルグレン

ベアタ・ヴェリーン

アグダ・ウストルンド

ネリー・トゥーリング

エリーサベット・タム

世界の投票権

　現在、地球上のほぼすべての女性が、投票権を持っています。でも中には、女の人も男の人も、投票権を持たない国もあります。また選挙が意味をなさない国も。その原因は、投票するのに値する政党が、ひとつしかなかったり、様々な不正が行われたりしていることにあります。もしくは、国民が字を読めない場合も。字が読めなかったら、一体、どうやって投票先を決められるというのでしょう？
　世界の大半の問題は、貧困から生まれま

す。貧困から抜け出す一番の方法は、平等を勝ち取ることです！　世界には、学校に一度も行ったことのない女性が、男性の倍もいます。読み書きができないと、社会の一員として、影響力をおよぼすのが難しくなります。女性が教育を受けることで、家庭での立場も強くなります。子どもを何人持つか、夫といっしょに決められますし、様々な病気から身を守る知識を得ることもできます。お金をかせぎ、家計を支えられ、他人にたよる必要がありません。

フェミ・クラブ——
選挙権を求める子どもたち

「うちのおばあちゃんがなんて言ってたか、分かる？」とエッバがクラブのみんなに問いかけました。「選挙権がない人は社会の一員になれないし、社会の大切なことを決めるのにも入れてもらえない、って言っていたの。いないものとされちゃうんだって」

「何だって!?　いないものとされちゃうの？」

「そう言ってたわ。だから女の人は……」

「でも、投票できるのって、大人だけだよね」

「そうよ。18歳になるまで投票できないはず」

「じゃあぼくたち、いないと思われている、ってこと？」

「そんなのおかしいわ！　国民投票って、名前だけなの？　わたしたちだって、国民でしょ？」

「女の人は、選挙権をどうやって手に入れたんだろう？」

「35年間、たたかい続けたのよ！」

「35年後って、ぼくらとっくに大人になってるじゃないか」

「でも子どもや孫のことを考えてみようよ。きっと投票したいはずよ……」

4章

哲学者
ボーヴォワール

シモーヌ・ド・ボーヴォワール
1908－1986

　選挙権を求めるたたかいが盛んに行われていたころ、フランスではある女の子が産声を上げました。後に、女性運動における最も重要な思想家のひとりとなる、シモーヌ・ド・ボーヴォワールです。

　シモーヌ・ド・ボーヴォワールは両親の下、妹のエレーヌとともにパリで育ちました。シモーヌは学校に行くのが好きで、成績も優秀でした。彼女はとてもよい教育を受けることができました。それは父親がむすめたちを嫁にやるお金がなかったからでした。父にはむすめをとつがせる時に必要な、高価な結納品を買うお金がなかったのです。貴族の家系だったので、とても高価な結納品を買わねばなりませんでした。父親は女の子はよい妻、母になりさえすればいい、と考えていたのに、むすめたちには高い教育を受けさせました。結婚できないなら、せめて自立させなければ、と考えたのでした。

彼女はパリのソルボンヌ大学で哲学の学位をとった後、高等中学校で教えました。でもメアリー・ウルストンクラフトと同じく、彼女は何より哲学者でした。

彼女が夢中になり、研究した学問は、『実存主義』と呼ばれるものでした。実存主義とは、すべての人たちが完全に自由で自立している、という考えに基づいた哲学、と言われていますが、実際はそう単純ではありませんでした。

ボーヴォワールは哲学者の友人たちと交流をしました。パリのカフェで落ちあい、議論し、交流したのです。また同時に、後のすべての女性運動に影響をあたえることとなる、『第2の性』という大作を執筆しました。

第2の性

「これさ」とおばあちゃんは言うと、エッバの両手に本をのせました。ずしんとして、すっごく重い。エッバはふんぞり返りそうになりました。
「わあ、なんて重いの！ おばあちゃんは読んだことある？ 何が書かれているの？」
「ああ、あるよ。ボーヴォワールはね、どうして世の中がこうなのか——どうして男ばかり発言権があるのかを探ろうとしたのさ。大昔、女性が押さえつけられていた原因は何なのか。この本の内容を短い言葉でうまく表した、有名な一節がある」

　　　　人は女に生まれるのではない、女になるのだ

「どういう意味？」
「性別なんて、ただのまやかし。後から作られたもの、ってことさ」
「え？ じゃあ、わたし、本当は女の子じゃないわけ？ にせ物か、何かなの？」
「いいや、エッバ。あんたはにせ物なんかじゃない。だがボーヴォワールは生まれたばかりの男の子と女の子のちがいは、外見だけ、と言ったんだ。
　女の子には膣があり、男の子には、おちんちんがついている。た

だ、それだけ。それ以上でも、それ以下でもない、って」
「へえ、それで？」
「ほかにもボーヴォワールは、わたしたちが女の子はみんなこう、男の子はみんなこ

うって考えているのは、ただの思いこみだとも言ったんだよ。深く考えずに、引きついできた古い因習だ、ってね」
「決定権を持つのが男の人って話？ それに女の子は人形を、男の子は車をあたえられるってこと？」
「ああ、その通り。それに女の子はか弱く、男の子は強くなくちゃならない、ってことさ。男らしいとか、女らしいとかよく言うだろ？ 女は優しくて、しおらしくて、包容力がなくちゃならない、って」
　おばあちゃんはわざとしおらしい声で言いました。「それに男は……」おばあちゃんの声は低く、あらあらしくなりました。「厳しくなくちゃならない。強くて、率直で、無口で」
「男は強くて、女はかよわく」
「イヤだ、そんなのおかしいわ！」
「それだけじゃない。ある調査で、女の子と男の子とでは、大人はちがった話しかけ方をすることが分かったんだ。男の子に話しかける時は簡単な言葉を使い、高い声を出す。女の子の場合は、話しあい、交渉するようにする。遠回しな表現を用い、男の子よりも優しい声で話しかけた」

「何それ、気味が悪いわ！　でも実際にそうなのね！」とエッバが言いました。

「男があらゆる場面で、権力をふるう中、女はずっと家で家族の世話をしてきた。何千年もの間、世界中で、そうだったんだ。これが生まれつきの差だと思うのも、無理はないだろう？」とおばあちゃん。

「でもどうしたら、そうじゃないって気づけるの？　生まれつきじゃない、って。ボーヴォワールはどうやって知ったの？」

「ボーヴォワールは女性と女らしさの関係を、細かいところまで調べつくしたんだ。さっきの本のテーマがそれだったからね。ボーヴォワールは昔、魂と肉体の関係が、どうあったのかを本に書いたんだ。神話やおとぎ話をくわしく調べ、それらがどんな影響をおよぼしたのか調べた。それまでにない、新しい女性の生き方とは何かも。ごく幼いころから、人生の終わりまで。

「そう、その本がどうしてこんなに分厚いか分かったわ。280ペー
ジ！　でもおばあちゃん、生まれつきか、そうじゃないかって話、何
の関係があるの？」
「それが関係大ありさ！　生まれついた特ちょうは変えられないか
らね。だが人間が作り出した慣習であれば、そう、変えられる！　た
たかえば、変わるかもしれない！　長年変えられずにきた性別役割
分業からようやく解放され、自立した自由な人間として考え、物事
に白黒つけられるようになれるかもしれないよ。メアリー・ウルス
トンクラフトが、まさに夢見たように」

『第2の性』はボーヴォワールが41歳の
1949年に出されました。この本は翻訳され、
たくさんの国で読まれました。でもスウェー
デン語には一部しか翻訳されませんでした。
全編がようやく翻訳されたのは、2002年に
なってからのことです（注：日本では1959年に既
に翻訳が出されている）。

61

お姫様、エッバ

「わたしが生まれた時、どう思った？」エッバはお父さん、お母さんにたずねました。「わたしが男の子じゃなくて、女の子だと分かった時。男の子だったら、ちがう風に感じたの？」

お父さんとお母さんは、だまって、考えこみました。

「難しい質問ね。分からないわ」とお母さんが答えました。「小さなあなたを胸に抱いた時、そんなにあれこれ考えたりしなかったから。胸に自然とうかんだのが、正直な思いだったんじゃないかしら」

「お前が女の子だったから、おだやかな声で話しかけ、慎重にあつかったのかもしれないな」とお父さんは考えながら言いました。「でもそういうのは、どうにかできるものじゃない。気づいたら、そうなっていただけの話なんだ」

「病院の新生児室は、どんなだったと思う？　男の子のベッドには水色の、女の子のベッドにはピンクの名札がつけられていたのよ」

「何それ、バカみたい！　服はどうだったの？　わたしも、いかにも女の子って服を着せられていたの？」

「そうね、思い返すと、それもおかしいわよね」とお母さんが言いました。「ベビー服を買いにお店に行くと決まって、"男のお子さんですか？　女のお子さんですか？"って聞かれたわ。それで女の子って答えると、ピンクにレース、ししゅうやバラのつぼみ、男の子なら青とストライプのかざり気のない服をすすめられたの」

62

「ああ、言われてみれば、ワンピースやらひらひらの服ばかり着せてたな。おまけにピンクの」と言って、お父さんが笑いました。「お前が男の子だったら、ちがっていただろうね」

「だけどワンピースを着たあなたは、それはそれはかわいらしかった。あなただって、お姫様になりたい、って言ってたのよ。

小さい時、とびきり女の子らしくさせておけば、それで満足するんじゃないか、と思ったわ。大きくなった時、もういいや、って思うんじゃないかって」

「でも、だからって壁から天井まで部屋中、真っピンクにぬる必要はなかったんじゃない!?」エッバが口をとがらせた。

「ごめん、ごめん」とお母さん。「でもピンクの何がいけないの?」

「ううむ、そうだね。こっちこそごめん」とエッバが答えた。「女の子っぽくするのの、悪いところってなんだろう?」

63

最初の女性運動家

　20世紀、女性たちは、さらなる権利を求め、たたかいました。司祭や大臣、大使、工事現場の作業員や医師など、それまで男性しかできないとされてきた職業に、つきはじめたのです。そのことを、ラジオが報じました。そしてある職業で女性が初めて働き出すたび、「女には向いてない」とか、「おかしい」とか心ない言葉を投げかけました。

マルギット・サリン
スウェーデン初の女性牧師3人のうちのひとり

カロリン・ヴィーデルストロム
スウェーデン初の女性医師

女性第1号として働くのは、大変でした。まわりの人からヘンな目で見られたのです。例えば、初の女性牧師のひとりだった、マルギット・サリンは、よい牧師であることを示すよう強いられただけでなく、牧師という職業が、牧師になりたいと望むすべての

女性に適している、ということまで証明しなくてはなりませんでした。彼女の失敗を、多くの人が待ちかねていました。そして失敗しようものなら、次に牧師になる女性が、さらに厳しい目にさらされるのです。

　ひとつ、おかしなことがあります。いまだに女性牧師、女性パイロットとかガールズ・バンド、女子サッカーとは言うのに、男性牧師、男性パイロット、メンズ・バンド、男性サッカーという言い方はされないところです。

5章

じゃあ、今は？

ノーベル賞

「ああ、もう、またおじさんじゃない！　今年も賞をもらう価値の
ある女性は、ひとりもいなかったってこと!?　受賞者って、どうやっ
て選ばれたのよ？」お母さんがいかりで顔を真っ赤にさせていま
す。

　ついさっき、ラジオで今年の*ノーベル賞の受賞者が報じられたの
です。

　「まあ、まあ」とお父さんが、お母さんをなだめ
ています。「変革には時間がかかるものなのさ。
社会がある日、すっかり変わる、なんてことはな
いんだよ。世の中は、常に進歩のとちゅうだ。お
母さんもエッバも、がまん強くならなくちゃ！
ノーベル平和賞は去年、女性がとったばかり
じゃないか……それに文学賞も……あれ、どう
だったっけ……？」

「女性が少なすぎるわよ」お母さんがうなっ
ています。「のんびりおおらかに構えている
場合じゃない、って、どうして分からないの!?

まちがいを正せるのは、今しかないのよ！　女性が研究するものや書くものも、大事なの！　男性と同じぐらい！」

エッバがため息をつきました。「かわいそうなメアリー。公正な世の中を築くのに、200年以上もかかるって、あの時、分かっていたら……」

*1901年から2016年までの個人でのノーベル賞受賞者881人のうち、女性はたったの48人。どうして半分じゃないんでしょう？

世界一男女平等

　いまだ完ぺきとは言えませんが、スウェーデンはほかの多くの国と比べると、男女平等が進んだ国です。政府にも議会にも、男性と同じだけ女性がいます。でも、もちろん首相は、常に男性です。それに一部の女性議員は、男性議員からいじめられていると感じています！
　国政では、また県では、だれが決定権を持つのでしょう？　そう、決定権を持つのは、女性より男性である場合が多いんです。福祉や教育、ケアの分野には、女性が多いのに。これは昔からよく言われている問題です。女性は経済や技術が分からないとでも言うのでしょうか？　男性には、福祉や教育やケアのことは分からないのでしょうか？　そう、スウェーデンでも多くの地方が、男女平等にはまだほど遠いのです。

エッバは教室にはってあった国連の子どもの権利条約に、こんな文があるのに気づきました。「子どもには自分に関わる問題について、意見を表明する権利がある」ううむ……学校では何かを決める時、わたしたち子どもも意見を聞かれるけど、そのことを言っているのかな？　でも、じゃあ政治の世界で、わたしたち子どもの希望を、だれかがかわりに伝えてくれるのかな？　ううん、おばあちゃんの言う通りだ。選挙権がないと、どうにもならない。

権力を持った女性

　世界の権力者の写真には、男性しかいませんでした。でも女性の大統領や首相も、何人かいます。

　これらの女性は、権力者だった父親の後を継ぐかたちで、トップに上りつめました（36～37ページのヘードヴィグやアンナ・マ

インディラ・ガンディーは1966～1977年、1980～1984年に、インドの首相を務めました。

ベナジル・ブットは1988～1990年、1993～1996年に、パキスタンの首相を務めました。

チャンドリカ・バンダラナイケ・クマラトゥンガは1994年に、スリランカの大統領になりました。

メガワティ・スカルノプトリは2001年に、インドネシアで大統領になりました。

リーのように)。
　以下の女性たちは、前のページに出てきた女性たちの国より、男女平等な国で自力で政治のリーダーになりました。

メアリー・ロビンソンは1990〜1997年にアイルランドの大統領になりました。初めは法学者でした。

グロー・ハーレム・ブルントランは1981年、1986〜1989年、1990〜1996年、ノルウェーの首相を務めましたが、もとは医師でした。

マーガレット・サッチャーは化学者、弁護士ですが、1979〜1990年に英国の首相を務めたことで知られています。

タルヤ・ハロネンは2000年にフィンランドの大統領になりました。元々は法律家でした。

だから、エッバ、あなたもがんばって。チャンスはあるわよ！

ノーベル平和賞

ノーベル平和賞は世界の平和を創るのに、とても重要な貢献をした人にあたえられます。

下の人たちが、この賞をもらいました。

ベルタ・フォン・ズットナー
オーストリア出身、1905年、ノーベル平和賞受賞。オーストリア平和の友の会会長。『武器を捨てよ』という本を描きました。

ジェーン・アダムズ
アメリカ出身、1931年、ノーベル平和賞受賞。社会改革者で婦人国際平和自由連盟の会長。

エミリー・グリーン・ボルチ
アメリカ出身、1946年、ノーベル平和賞受賞。婦人国際平和自由連盟の会長。

ベティ・ウィリアムズ、コリガン・マグワイア
英国出身、1976年、ノーベル平和賞受賞。2人は北アイルランドの不安定な情勢に終止符を打つため、平和組織、ピース・ピープルを作りました。

マザー・テレサ
生まれはマケドニアですが、インドで暮らしました。1979年、ノーベル平和賞受賞。修道女だったマザー・テレサは、カルカッタの貧しい人たちを救うため、力をつくしたことで、賞を授与されました。

アルヴァ・ミュルダール
スウェーデン出身。1982年、ノーベル平和賞受賞。大臣、外交官を務め、世界の軍縮と平和のために働いたことで、賞を授与されました。

アウン・サン・スー・チー
アジアの出身。ミャンマー（ビルマ）の非暴力による民主化と人権のためにつくしたことで、1991年、ノーベル平和賞を授与されました。

リゴベルタ・メンチュウ・トゥム
南アメリカのグアテマラ出身。グアテマラのさまざまな民族間の平等に寄与したことで、1992年、ノーベル平和賞を受賞しました。

ジョディ・ウィリアムズ
アメリカ出身。対人地雷禁止キャンペーンをはじめたことが評価され、1997年、ノーベル平和賞を授与されました。

シリン・エバディ
イラン出身。特に女性や子どもの人権を守る活動や民主主義を求める活動が評価されて2003年、ノーベル平和賞を授与されました。

ワンガリ・ムタ・マータイ
アフリカのケニア出身。持続可能な開発と民主主義と平和のためにつくしたことで、2004年、ノーベル平和賞を授与されました。

ヨーランという名の上司

「聞いて、エッバ」ヨリンダが電話で言いました。「スウェーデンで役職についている女性の数は、役職についている、ヨーランという名前の男性より少ないんだって」

「そんなの、どうして分かるのよ？」

「今日、読んだのよ。何年か前の調査みたいだけど、本当のことよ。『今日の産業』っていう新聞にのっていたもの」

「でも出世するのって、そんなに大事なの？」

「いいえ、きっとそんなに大事じゃないわ。でも、女の人が上司になれば、男の人と全く同じチャンスにめぐまれるわ。そうでない

と、不公平よ。職業を選ぶ時、性別で差が生
じるべきじゃないわ。ちがう？」

「ええ、確かにそうだね。でも女
の人はきっと、上司になんか、
なりたくないんじゃない？」

「そんなことないわ。女だっ
て、もちろん、出世したいはず
よ！　男と同じように。出世す
れば、給料が上がるし、発言力も
増すわ」

「でも原因は何なの？　女の人が少
ないから？」

「いい質問ね。わたしにも分からないわ。お
ばあちゃんに聞きましょう。おばあちゃんな
ら、知っているんじゃない」

子どもと仕事、どちらも

おばあちゃんが話をしてくれました。
「わたしが小さいころ、母親は主婦だった。わたしたち子どものめんどうをみるのが、女の仕事だったんだ。それに、もちろんそうじをしたり、食事を作ったりするのもね。父親はほかの家のお父さんと同じく仕事に行き、お金をかせいだ。わたしの友だちのお母さんたちは、ほとんどみんな、主婦だったんだ」

「でも、お母さんが働きたいって言ったら、どうなるの？」
「ふつうじゃない、って思われるだろうね。それなら、子どもを持つべきじゃない、って」
「何それ！　だったら男の人だって、子どもを持つべきじゃないじゃない！　男の人で、家にいたい人はいなかったの？　小さい子には、お父さんだって必要でしょ？　それにお父さんにも、子どもとの時間は必要でしょ？」

「もちろん、必要さ。今じゃ、ようやくみんな、そのことに気づいて、母親だろうと父親だろうと、仕事を休んで、家に子どもといる権利を得たんだ。育児休暇が終わったら、保育所に子どもを預けられる。こうして男も女も子育てしながら、働けるようになった」
「わあ、よかった！」
「ああ、だが不思議なのは、今でも小さな子どもと家にいるのは、母親ばかりなところさ」
「お父さんは子どもといたくないの？ 母親に、ゆずってあげている、ってこと？」
「それとも……」おばあちゃんが考えこみました。「父親ってのは、子どもより仕事が大事なのかね？ 休んでる間に、だれかに仕事をとられやしないか、心配なのかね？」

ええ。おそらく、そうでしょう。そして実際、その通りのことが、起きたのです。子どもの世話をしない人は、いつも仕事場にいるので、一番よい仕事をもらえます。出世するのが男性ばかりなのは、そのためなのです。

6章

壁の鏡

意識をかえる

　わたしたちの法律では、性別を理由に、男性または女性を差別するのは禁止されています。メアリーやエメリンやほかの多くの人たちが、長年たたかって勝ち取ったすべての権利が、今では法律で保障されています。

　でも法律だけでは、十分ではありません。人々の意識も変えなくてはなりません。考え方も、子どもの育て方も。それには、時間がかかります。

　何千年もの間、地球のどの社会でも、男性が女性に対し、決定権を持ってきました。なので、なかなか変えられなくても、不思議はありません。わたしたちがどう考え、感じるかは、わたしたち自身が決めるべきです。でもゆがんだ世界をあるべき姿に変えるのは、そう簡単ではありません。

なので、ポップ・バンドで歌いたい女の子より、ハードロック・バンドで格好よく歌ってみたい女の子の方が、夢をかなえるのに努力が必要です。また重量挙げの選手になりたい男の子よりも、バレエをおどりたい男の子の方が、ずっと強い意志を持たなくてはなりません。女の子が、権力を持っていたり、出世していたりするのが、おじいさんや男の人ばかりなのを見たら、努力したってムダだ、と思ってしまうかもしれません。

　これは性別や年齢とは関係なく、すべての人に関わる問題です。だから男の子も男の人も、いっしょに変えなくてはならないのです。彼らもまた自分たちの子どもたちの世話ができるよう、たたかわなくてはなりません。またどの職業であろうと、選べなくてはなりません。女の子と全く同じように。

鏡

　温かいシャワーを浴びたエッバは、細長い、ピンク色の人影が、鏡にぼんやり映っていることに気がつきました。するとそのピンク色の誰かが、ゆっくり、ずんと前にふみ出しました……エッバです！　10歳のかがやきに満ちた、強くて、美しく、ゼブラのようにしなやかな体。すっごくすてき、とエッバは思いました。わたしには、きっと何でもできる。でもエッバはすぐに気がつきました。横から見ると、わたしってまるで……でも、そうだ、そばかすさえなければ……ううん、エッバ。こんな時はすぐ、こう自分に言い聞かせよう。そんなことない！しっかりして！　あなたは、そのままでいいの！　さあ、歯をみがいて、ベッドに入ろう！

　「ヘンなの」とエッバは寝室のある屋根裏部屋の天井を見上げ、考えました。「わたしは、わたし。当たり前のことじゃない！　わたしはほかのだれにもなれない」

わたしの体からは、わたしの匂いがする。わたしの体は——ごつ
ごつしてて、傷やしみのあるひざもすべて、わたしのものだ。

　中身だって、そう、わたしのもの。わたしの思考も感情も記憶も、
全部が慣れ親しんだ、わたしのもの。思考は体にフィットしていて、
まるで体の一部みたい。それらを全部ひっくるめて、わたしなの。

　こうして、わたしはわたしのままでいられる。当たり前のこと。ダ
メな理由なんて、ない。まわりであれこれ言ってくるのは、どこの
だれ？　わたしに別の自分にならなくちゃ、と思わせるのは。わた
しはこの世の中に、ふさわしくないんだって、思わせるのは。わた
しのぼうしを笑うのは、アレクサンド
ラ？　ううん、そんな単純なことじゃ
ない。そうだ、ヨリンダと、話してみよう。
「あなたはいつも、元気そうね」エッバはネ
コのキッセにささやきました。「ほかの人から
どう思われるかなんて、ちょっとも気にしていな
いんでしょう」

　するとキッセは丸くなり、ねむってしまいました。

「ヨリンダ！　エッバよ。わたし、考えたことがあるの。ほかの人から、自分がどうあるべきか決められているみたい、って。自分自身のことなのに、自分で決めさせてもらえない……」
「どういうこと？」
「そうね、どんな見た目でいるべきか、どんな服を着たらいいか、とか、いつもほかの人からどう思われているか、考えなくちゃいけない気がする。自分がいいと思うだけじゃ、十分じゃないみたい」
「なるほど、テレビ・スターかモデルさんみたいな見た目に、みんながならなくちゃいけないみたい、ってこと？」
「そう、そういうこと！　どうして、世の中、こんな風なんだろう？」
「わたしにも、分からないわ。ひょっとしたら、やせていて、いい

服さえ着ていれば、人生、うまくいく、って思っているのかもね。もっと友だちができるとか？　分からないわ、エッバ。考えてみなくちゃ。いい質問ね！」
「でも、いつかは変わるんだよね？」
「変わる？　まさか。ますます悪くなる一方よ」
「でもヨリンダ、あなたはそんなに心配してはいないんでしょ？」
「分からない……ほかの人の話を聞くと、みなが何か、不満を持っているような気がする。わたしだって、ほかの人からかわいいと思われる容姿になりたい……エッバ、あなたはどう？　鏡に姿を映してみて、あなたは自分の容姿に満足してる？」
「……ううん……イヤなところはあるけど、まあ」
「そう。考えたらまた連絡するわね」

きれいにならなくちゃ、ってプレッシャーに苦しまずに、大人になれるようにしなくちゃ。

　すると、ヨリンダから、メールが来た。

＞＞**ヨリンダより**
わたしたちに自信を持たせないことで、お金もうけできる人がいる。

（え？　だれのこと？）

服やコスメを売ったり、
ダイエットのアドバイスをしたりする人たち。ロックのプロモーション・ビデオなんかを作ってる、音楽業界の人たちも。
それに整形手術(せいけいしゅじゅつ)をするお医者さん。
そういう人たちは、わたしたちを利用して、お金をかせいでいるの。
わたしたちに不安を感じさせることで。
またね！

さっきの続き、とエッバは考えました。太っていないのに、女の子はどの子も、ダイエットしている。ありのままの姿でいちゃダメなの？　おっぱいを大きくしたくて整形手術する女の人たち——おっぱいが大きいって、そんなにうれしいことなのかな？　ううん、わたしたちは*アマゾネスみたいにするべきよ。弓矢を引く時、じゃまだから、片方の胸を切り落としたアマゾネスみたいに。まあ、それもそんなに、かしこくはないか。

*古代ギリシャの伝説に出てくる女性戦士の一族。

89

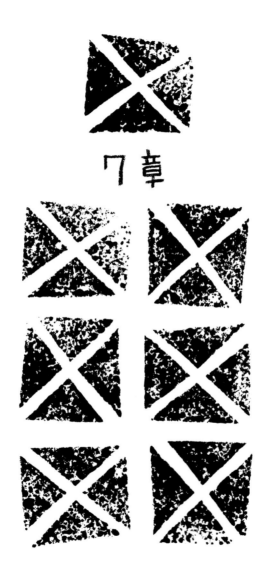

7章

どうやる？

おばあちゃんと3月8日

「おばあちゃんは変えるために何をしたの？」

「わたしがかい？」おばあちゃんが少し考えこんでいます。「わたしはいろいろなフェミニスト団体に、参加していたよ。それに投書もした。3月8日には、もちろんデモに参加したよ」

「3月8日？」

「ああ、国際女性の日さ。その日は世界中で、会合やデモが行われるんだ。世界のフェミニストの結束を高めるにね。男女平等がどこまで進んだか、ほかにやり残していることはないか、立ち止まって考えるんだ」

「格好いい！　次はわたしもいっしょに行っていい？」

「ああ、それはいいね。だが、わたしがやったことは、ほかにもある。とっても大事なことをね。それはね、子どもたち、つまりお前の母親と叔父さんを、同じように育てたことさ」

「どうやって？」
「人形と車の両方で遊ばせたのさ。それに2人とも、パンクを直せるようにも、パンケーキを作れるようにも教えたんだ。2人を平等にあつかうよう、気をつけた。そうすることで、世代が変わるたび、1歩ずつ前に進めるんだ」
「すごくいい！　でもじゃあ、わたしは何をしたらいいのかな？」
「それは自分で考えたらいい。わたしは、わたしにできることをした。今はあんたがバトンを受け取ったんだ。今は時代がちがうんだ。昔とは別のやり方でやらなくちゃ。それに新しいアイディアも、今(いま)若(わか)いあんたたちが考え出せるはずだよ！」

ヨリンダ

「ねえ、ヨリンダは世の中を変えるために、何をしてきた？　わたしたち、女の子のために」
「わたしが何をしたか、ですって？　去年のクリスマスに、ファッション・ブランドのポスターを破る運動に参加したわ。毎年クリスマスになると、町中にはられるやつよ。そこら中、胸やお尻だらけになる。下着の宣伝のポスターよ」

「でもポスターを勝手に破っちゃダメなんじゃない？」
「そうよ、分かってる。でもあんまり頭にきたものだから！　そんな写真、みんなの目に映る場所にはるべきじゃないと思うの。見たくない人もいるし、女の子はああいう見た目じゃなくちゃいけないって、思わせようとしてい

るみたい」

「次にやる時、わたしもいっしょに行くわ」

「ダメよ、それは無理！　そういうのは、暗くなってからやるものだから。あんたはまだ、夜遅く出歩ける年じゃないでしょ」

「ずるい！　じゃあ、わたしは何をしたらいいのよ？　わたしもあんな写真、大きらいよ」

「通報すればいいわ。ネットで『何でもできる』って検索してみて。『何でもできる』っていうのは、ああいう女の子の敵の宣伝にどうしたら反対できるかヒントを出すネットワークなの。いいヒントが、いっぱいのっているわ！」

「ほかに何かした？」

「女の子が生きやすい世の中にするため、何をしたのかを聞いてるの？　そうね、フェミニストのための護身術講座に通ったわ」

「何それ？」

「自分の身を守らなくちゃならない時、たたかう方法を習ったのよ。まあ、そういう目にあわないのが、一番なんだけど……。びくびくして、弱そうに見えないような立ち方や歩き方を習ったの」

95

「どういう風に？」

「そうね、女の子の写真を思いうかべてみて。女の子って、か弱そうな見た目をしているものでしょ？　体をちょっとくねらせて、首をかしげ、横向きかげんで見つめる。ファッション誌の写真とかもみんな、そうでしょ。ファッション・モデルは、風がふけば飛ばされそうなぐらい、やせている。あれじゃ、襲われたら、簡単に倒されちゃうでしょうね」

「そうかしら？」

「そうよ。講座では、強くて、堂々として見えるように習うの。足を広げて、背中をまっすぐ、安定して立つ。まっすぐ相手の目を見て、胸をはって、背筋をぴんと伸ばすの。簡単に倒されやしない、って態度や身のこなしで示すために。これを『ボディー・ランゲージ』っていうのよ。それにどうしたら大声でさけべるかも習ったわ。小さなネズミが泣くみたいなのじゃなくて、大きな声を張り上げられるよう、のどをきたえるの」

「大声を出すのって、楽しいの？」

「ええ、とっても。本当にさけばなくちゃいけない時は、楽しいだなんて言ってられないだろうけど。さけぶのは、ピンチの時の最後

の手段だから。うまく逃げたり、助けを呼べなかったりした時の。だから大声を出せるよう、きたえることが大切なの」
「襲われるのが、こわいの？」エッバがたずねました。
「こわいのとは正確にはちがうわ。でも危険な目にあわないために、気をつけていることは、いっぱいあるわ。暗い夜道をひとりで歩かない、とかね」
「分かったわ、じゃあ今から森に行って、大声でさけんでみましょう！」
「ええ、やってみましょう。春にマッティス森でさけぶ山賊のむすめ、ローニャみたいに。お腹の底から、思いっきり声を出すの」

ヒント！ 体育の授業で、護身術を教えてほしいと学校の先生にたのんでみましょう。

97

フェミ・クラブ、森でさけぶ

　フェミ・クラブの5人が、鳥やウサギ、野ネズミが逃げ出すほど大声でさけびました。声がかれるまでさけび続けた5人は、地面にたおれこみ、笑い出しました。だれが一番バカな歩き方をできるか競争しようよ、とアクセルが言い出しました。できるだけバカみたいに歩くのです。みんなおどけて、ゲラゲラ笑っています。ふとエッバは、ヨリンダが言っていた、ボディー・ランゲージのことを思い

出し、みんなに話しました。そこでメンバーは、こわいと思った時、体がどんな反応を示すか、調べることにしました。

　こわいことを想像すると、みな、頭をうなだれ、できるだけ目立たないようにすることが分かりました。一方、自分は強いと思え、自信が持てる時には、体中がぴんと伸び、しゃんとしました。心の中の気持ちが、外から見えるなんて、不思議。

支配の手口

　この人は、ノルウェー人のベリット・オース。ベリットはとってもよいことを思いつきました。それはこんなアイディアでした。ベリットは政治の会議にいっぱい参加しました。会議でベリットがよい意見を出しても、だれも反応しませんでした。まるで彼女の言葉が、だれの耳にも届いていないみたいに。しばらくすると、トールという男性が、ベリットと同じ意見を、言い方を変えて言いました。トールはベリットと同じ意見、とは言いませんでした。それどころか、その意見が、自分の意見であるかのような言い方をしたのです！　その後、出された意見についてみんなで話しあう時、みんなはそのベリットの提案を、トールの提案と呼びました！　ベリットのことには、一切ふれずに。

　しばらくしてベリットは、政党の別の女性らも、同じ目にあっていることに気づきました。男どもはぐるになって、女を会話に入れないようにしていました。女はいじめられているような気分になりました。

　ベリットは何が起きているのか、きちんと調べよう、と決心しました。ベリットは長い間、考え続けました。そうしてようやく、他

人を支配するのに、よく使われる5つの手口に気がついたのです。そして5つを区別できるよう、名前をつけました。ベリットはそれらを、『支配の手口』と呼びました。また、それぞれの手口を、指で表現しました。

ベリットは会議中、男どもが支配の手口を使っていると思ったら、指を立て、ほかの女性と合図しあうことにしました。何が起きているのか、女性たちがみなで目を光らせるようになったことで、男たちはそれらの手口を使えなくなりました。

ベリット・オースは心理学の教授です。心理学者というのは、人があることをなぜ、どのように感じ、考え、行動するのかを言葉で言い表し、説明しようとします。ベリットはまた長年、政治家としても活動し、スウェーデンの議会にならって、ノルウェー議会を変えました。

ベリット・オースが気づいた5つの支配の手口は、こうです。

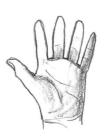

いないものとされる
——指1本

　美術の課題が展示されています。男の子たちが自分の絵について発表するのを、ほかのみんなは静かに聞いています。しばらくすると、女の子たちの出番になりました。エッバが自分のネコの絵について説明しはじめると、男の子たちは興味がないのか、サッカーの話をはじめました。先生が「静かにしなさい」と注意しても、だれも聞こうとしません。エッバはだれにも耳を傾けてもらえず、自分はいないものとされているように感じました。

どうしたらいい？

　先生に男の子ばかりじゃなく、女の子の話も聞くように言ってもらいましょう。みんなが教室で同じだけ注目を浴びる権利があります。あきらめないで。いないものみたいにあつかわれるのは、決して許されることではないのですから、怒りましょう。もっと大声を出せるよう、のどをきたえましょう。声を張り上げれば、無視するのが難しくなります。例えば森の中でさけぶことができるでしょう。

笑いものにする
―― 指2本

　ヒルダが重たいエレキ・ギターを背負って背中を丸めている。その日の午後、バンドの練習をしなくてはならないのです。
「こんな小さな女の子が、大きなギターを背負って、どこ行くんだい？」車から降りてきた、技術の先生が笑って尋ねました。それを聞いた男の子たちが、ゲラゲラ笑い出します！　ヒルダは顔を真っ赤にして、ギターの下でますます体を縮こまらせました。ギターじゃなくて、リコーダーにしておけばよかった！　と思いながら。

どうしたらいい？
　バカにして笑ってきた人に笑いかけてはいけません。ほかの人が笑われている時に、いっしょになって笑ってもいけません。言い返しましょう。何が楽しいのか、どうして楽しいのか、説明してもらいましょう。

情報をわざとあたえない
——指3本

「授業に集中できないわ」とエッバが文句を言っています。ニクラスとジミーが、ずっとおしゃべりしているのです。

「がまんしなさい。気にしないの。このクラスの男子は、子どもっぽいから」と先生が言いました。

耳に消しゴムを入れて、もう一度集中しようとしました。しかし、先生は、エッバに、だれにもじゃまされず、静かに落ち着いて授業を受ける権利はないと言うのです。この権利は、スウェーデンの学校法で保証されているはずなのに、先生は、そのことをエッバに教えませんでした。

どうしたらいい？

自分がどんな権利を持つのか、調べてみましょう。自分が正しいと分かったら、あきらめないで。じゃまされたほかの人たちと話してみましょう。またはほかの大人に味方になってもらいましょう。

それに、こんな場合も。
　校庭で女の子たちが、「あの映画、すごかったね」と話しています。「どの映画？」とフィーアが聞きました。
「エレンの家で昨日の夜、映画を観たのよ。みんなで。フィーア、呼ばれなかったの？　仲間はずれにされて、かわいそう」と2人が言いました。
「うん、別に大丈夫」フィーアはのど元まで、もやもやがわき上がるのを感じながら、ひとり、だまって考えました。でもみんなが伝え忘れたのは、今回が初めてではありませんでした。フィーアは悲しくなり、仲間はずれにされているように感じました。

どうしたらいい？

　こんな風に情報をあたえないのは、いじめで、止めさせなくてはなりません。スウェーデンの学校法にはこう定められています。「学校で働くすべての人は、個人や集団によるいやがらせやいじめに積極的に対処しなくてはなりません」信頼できる大人と話しましょう。いじめは、してはならないことです。

※日本にはいじめ防止対策推進法があります。（平成25年〜）

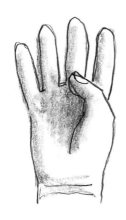

どちらを選んでも文句を言う
——指4本

　ブリット・マリーがお風呂場でバスタブにつかっていると、ドアの取っ手が回る音と、お兄ちゃんが怒鳴る声がしました。
「いつまで入ってんだ？　今からおれが入るんだぞ。お湯なんかにつかってないで、シャワーでいいだろ。長湯すれば、ブスが直るとでも思ってるのかよ？」
　そして次の日、ブリット・マリーがシャワーだけ浴びて、急いでお風呂場から出ると、
「おい、お前、毎日風呂につからないのかよ。きたねえな」とお兄ちゃんは言って、ブリット・マリーの髪をつかみ、顔をしかめました。「明日、こんなばっちい体で、学校に行くつもりかよ？」

　これらの行動は、どちらもまちがっています。ブリット・マリーがどちらを選んでも罰しているからです。宿題をしたらあなたはガリ勉で、しなければだらしない。授業中、おしゃべりをしていためいわくで、静かにしていたら寝てるんじゃないの、って……

どうしたらいい？
　自分で何が正しいか考えてみましょう。友だちとも話しあってみましょう。あなたに理不尽な要求をしてくる相手が、何を望んでいるのか、聞いてみるのもよいでしょう。

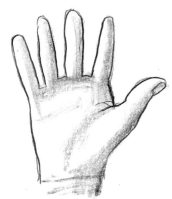

責任を押しつけ、恥をかかせる
——指5本

　ラジオでレイプされた女の子について話をしています。
「でも、今時の女の子の服装って、おかしくないですか。まるで売春婦ですよ。襲ってくれ、って言っているようなものじゃありませんか！」
　レイプされたのが、された側の責任ということは、絶対にありません。いつだって悪いのはレイプした方です。また両親があなたを罰する時、罰さなくてはならないのを、あなたのせいにするのは、親としての責任を放棄するのと同じです。

どうしたらいい？

　人は自分ではどうにもできないことなのに、つい自分の責任と認めてしまいがちです。ほかの人と話をして、何が起きたのかふり返ってみましょう。本当はだれの責任なのか、よく考えるのです。

ここでは5つのみにくい手口がすべて用いられています。これらの手口は、もちろん男性から女性、男の子から女の子だけに使われるわけではありません。自分のことを何らかの理由から優れていると感じ、優位に立とうとするすべての人によって用いられます。例えば、大人から子どもへ。または女の子からほかの女の子へ。

　人が意地悪になる方法は、ほかにもいろいろあります。意地悪されたら、ベリット・オースのようにすると、よいかもしれません。何が起きたか、それが本当に正しいことかを、よく考えるのです。名前をつけるのも、よいかもしれません。そうすることで、やってもいないことの罪をかぶらずにすみます。

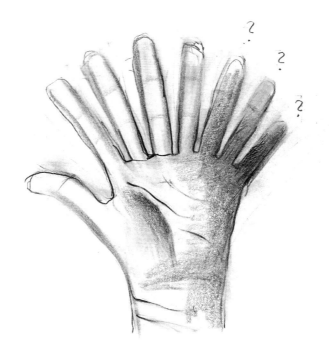

8章

3月8日

作戦会議

「３月８日、何する？」とエッバがたずねました。

「３月８日って、何？」

「国際女性の日よ。お祝いをするの」

「何を祝うの？」

「男女平等が前進していることを。みんなでお祝いすれば、同じ風に考えている人がたくさんいるって感じられるでしょ。そうすると、楽しくなるわ。それに進歩のさまたげになっているものへの反対意見も示せるわ」

「どうして祝わなくちゃならないんだよ？」とシーモンが首をかしげました。「女子にしか関係ないだろ」

「国際人間の日って名前にしたらよかったのに。そうすれば、男の子もデモに参加しやすくなる」

「ええ、名前を変えましょう。デモでは何に反対しようか？」

「美にこだわりすぎないでほしい！」

「そうね！　美を押しつけないでほしいわ！」

「見た目を気にしすぎるのは、よくないよ！」

「もっといろいろな人が出世できるようにした方がいいわよ！」

「そうかな？」

「私も賛成、それにおじいさんばっかじゃなくて……」

「父親にだって子どもとの時間はいるわ！　お父さんを家にいさせてあげて！　お父さんを解放して！」

　こんな風に話しあいは続きました。熱い議論が交わされ、アイディアが次々と出されます。

117

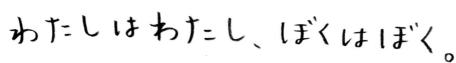

　今日は3月8日、国際女性の日です。
　抗議デモをする人たちが、町中の通りを歩いています。
　フィーナがメガホンを持って、先頭を行き、スローガンをとなえます。みんなもそれに続きます。

　わたしはわたし、ぼくはぼく。そのままの自分でいさせて。

そのままの自分でいさせて

フェミニズムの基本用語集

【フェミニズム】
女の子と男の子の間に不平等があることに気づき、それに対し何かしようとすること

【ジェンダー】
性別

【グループ8】
1960年代に活動した有名な女性グループ

【男女平等】
男性と女性が同じ権利を持つこと

【男性優位】
男性が女性に、権力をふるうこと

【家母長制／母権制】
女性による統治。女性により作られ、女性が権力を持つ社会。どこにもありません……

【家父長制／父権制】
男性による統治。男性により作られ、男性が権力を持つ社会。まだあちこちに残っています！

【性差別】
性別を理由に、他人の価値を低く見ること

【サフラジェット】
女性参政権を得るために、たたかった英国女性たち

写真出典

8ページ……………G8サミット、Hallands Nyheter(ハランス・ニーヘーテル)紙より

31ページ……………メアリー・ウルスタンクラフト、Wikipediaより

36ページ……………ヘードヴィグ・シャロッタ・ノーデンフリクト、
スウェーデン家族ジャーナル紙より

37ページ……………アンナ・マリー・レングレン、スウェーデン家族ジャーナル紙より

46ページ……………エメリン・パンクハースト、
シーグネ・ベルイマンのコレクションより ©Riksdagens arkiv

47ページ……………エレノール・ヒギンソンが逮捕される ©Mary Evans／The Women's Library

48ページ……………女性の政治選挙権を求める全国協会(LKPR)、
シーグネ・ベルイマンのコレクションより ©Riksdagens arkiv

57ページ……………シモーヌ・ボーヴォワール、写真Lütfi Özkök ©Pressens bild

64ページ……………マルギット・サリン、写真ウルバン・エングヴァル

カロリン・ヴィーデルストロム、
シーグネ・ベルイマンのコレクションより ©Riksdagens arkiv

65ページ……………男性パイロット ©NASA

69ページ……………ノーベル賞授賞式、1997年、写真：オーラ・トルケルソン ©Pressens bild

72ページ……………インディラ・ガンディー ©Hindu photo archives

ベナジル・ブット、外務省写真サービス

チャンドリカ・バンダラナイケ・クマラトゥンガ、
クマラトゥンガ大統領のアルバムより

メガワティ・スカルノプトリ、Wikipediaより

73ページ……………メアリー・ロビンソン、外務省写真サービス

グロー・ハーレム・ブルントラン、国立癌研究所ジャーナルより

マーガレット・サッチャー：ドイツ歴史博物館

タルヤ・ハロネン：大統領府

74〜75ページ…ノーベル平和賞受賞者、写真すべて ©Nobelstiftelsen

100ページ……………ベリット・オース ©Arbeiderbevegelsens arkiv og bibliotek

写真を見つけた人：ペーター・エルギン

あとがき

　みなさんは、この本を読む前から、『フェミニズム』という言葉を、聞いたことがありましたか？　作者のサッサ・ブーレグレーンは、フェミニズムとはまず、男性と女性の間に、不平等があることに気づくこと、としています。主人公のエッバが、新聞の写真に写っていた世界の権力者が、おじさんばかりなのに気がついたように。さらに作者はフェミニズムとは、不平等に対し何かしようとすること、ともしています。いとこのヨリンダやおばあちゃんや仲間たちといっしょに、なぜこの社会が男女平等でないかを探っていったエッバは、まさに小さなフェミニストと呼べそうです。

　物語の中でおばあちゃんはエッバに、200年前、イギリスで、『女性の権利の擁護』を書いたメアリー・ウルストンクラフトが、こんな批判にさらされた、と話しています。「女が家庭以外に関心を持ち出したら、大変なことになる。メアリーってやつは、おかしなとんでもない女だ」

　メアリー・ウルストンクラフトが、男女の不平等にいきどおっていたころ、日本の女性たちはどうしていたのでしょう？　その時、日本は江戸時代後半。その時代、町人は男女が協力して家業を営むことが多かったため、妻の発言力が強く、女子にも財産があたえられる例があったそうです。一方、農民は男女関係なく家族みんなで農作業などに取り組まなくては暮らしがままならず、家長である夫が死に、息子が幼い時には、妻が跡をつぐことが認められていたそうです。ただ武家では、女性が家長となることは認められず、妻のつとめは、跡つぎとなる男の子を産むこと、とされていたそうです。（参考：『写真とイラストで学ぶ　ジェン

ダーからみた日本女性の歴史』明石書店、ねりま24条の会・編）

　江戸時代以降も、「女性は家事と子育てをするのに向いている」「女性があまり仕事をしすぎると、子育てや家事がおろそかになり、家庭がうまくいかなくなる」「子どもがかわいそうだ」と考える人が多くいました。

　また物語では、エッバのおばあちゃんが子どものころ、スウェーデンの母親の大半は主婦で、働く母親はふつうでない、それなら、子どもを持つべきじゃない、と言われた、とも書かれています。

　それらの意見は本当に正しいのでしょうか？　それを知るために、まず家族とは何なのかを考えてみましょう。

　『スウェーデンの小学校社会科の教科書を読む』（ヨーハン・スバネリット・著、鈴木賢志＋明治大学国際日本学部鈴木ゼミ・翻訳、新評論）という本の中で、私たちはおたがいを必要としていて、みなが家族やクラス、チーム、遊び相手、親類、社会といったグループの一員であること、家族は多くの人が自分らしくいられると感じることのできるグループであること、人はグループの人たちと協力し、大きなことを成し遂げられると書かれています。

　また、スウェーデンのおとなり、ノルウェーの『男女平等の本』（インゲル・ヨハンネ・アルネセン、アウド・ランボー・著、カーリ・グローッスマン・画、男女平等の本を出版する会・訳、ノルゲ出版会、現地出版年1983年、日本での出版は1998年）という本では、愛や家族について、こう書かれています。「愛とは、だれかが悲しそうにしているのに気付いたら、なぐさめること。協力し合うこと。ともに分かち合うこと。譲り

123

合うこと。だれかの手を握ること。だれも仲間外れにしないこと。怒った時、手をあげないこと」「かつてはお母さんがたいてい、主婦をし、お父さんが一日中、外で働いていました。でも今では両方が外でお金をかせぐ家が多いです。みなの労働時間を今よりもっと短くするべきだと多くの人が思っています。そうすれば時間ができて、おたがいにいたわり合える心のゆとりが持てますし、だれもくたくたになることはありません。お母さんの中には、子どもが小さいうちは主婦になる人もいます。それにお父さんが主夫になってもいいのです。あなたは大きくなったら、どうしたいですか？」

　今回の物語の中で、エッバとフェミ・クラブのメンバーは、「男はサッカーや乗り物の運転が上手なものと思われている。どんな時も強く、たくましくなきゃならないとも」と気がつきました。また作者は、『フェミニズムは現在進行中』（未邦訳）という別の児童書の中で、昔は男性は強くてお金をかせぐのに長けていなくてはならない、とされてきたけれど、それをプレッシャーに感じる男性もいる、と書いています。男性の方が女性よりホームレスやアルコール中毒になりやすく、自殺率が高いのは、プレッシャーのせいでもある、とも。作者は言います。「男性が外でかせがなくては、強くいなければ、と思いつめずにすめば、子どもや家族とよりよい関係が築けます。悲しい時に素直に泣ければ、けんかも減るかもしれません」

　おうちの人に、フェミニストについてどう思うか、聞いてみてください。中には怒りっぽくて、こわい人たちというイメージを持つ人も、い

124

るかもしれません。ところが今回の作品は、フェミニストやフェミニズムについての本なのに、怒りっぽい、ヒステリックなトーンはただよっていません。なぜでしょう？　それは作者が、フェミニズムとは、男女がともにいたわり、思いやり、仲良く生きていくには、どうしたらいいか考え、行動することである、と考えているからでしょう。また議論をする上で気をつけるべきポイントを作者がしっかりとつかんでいるからでもあります。今回の作品で作者は、「わたしたちがどう考え、感じるかは、わたしたち自身が決めるべきです」と書いています。また『10歳からの民主主義レッスン』（二文字理明・訳、明石書店）の中で、こう言っています。「だれかと話し合いをする時は、冷静になるように努めなければなりません。怒ったままでは筋道を立てて物事を考えることができません。不正に対して、怒ったりおどろいたりすることはよいことです。しかし人を納得させるには、自分を落ち着かせて全体を十分に見通すことが賢明です。人の考えも正確に聞きなさい。あなたが考えたこともない何かを知ることができます。もう一度考え直す機会にもなります」

　物語に出てきたフェミ・クラブのメンバーには、女の子だけじゃなく男の子もいたことからも分かるように、フェミニズムとは男女がいっしょに考え、取り組むべき課題です。作者は重量挙げの選手になりたい男の子よりも、バレエをおどりたい男の子の方が、ずっと強い意志を持たなくてはならない、とした上で、男の子にも職業を選ぶ自由がなくてはならない、と言います。また物語の中でフェミ・クラブのメンバーたちは、国際女性の日のデモで、「父親にだって子どもとの時間はいるわ！　お父さんを家

125

にいさせてあげて！　お父さんを解放して！」とうったえています。

　この本の中ではまた、スウェーデンの女性が選挙権を得るため、35年もの間、たたかった末、1921年にようやく投票権を得ることができた、と書かれています。日本ではどうだったのでしょう？　そのころ、日本は大正時代。女性の選挙権の実現はおろか、その4年後の1925年に制定されることとなる普通選挙法で、選挙権を持つとされたのは、満25歳以上の男子だけでした。でも日本の女性が声をあげずにいたわけではありません。婦選獲得同盟という女性団体が、1927年、女性の選挙権を求める5万人から署名を集めて衆議院に提出したり、1930年、全日本婦選大会を開いたりと、努力してきたのに、議会で反対する議員が多く、認められなかったようです。日本の女性がようやく選挙権を得られたのは、第二次世界大戦が終わった翌年の1946年（昭和21年）になってからでした。

　この本が生まれたスウェーデンでは、子どもを尊重しようという考えを持つ人が多いようです。この本の主人公エッバは、世の中の大事なことを決めるのに、子どもも加われば、世界はもっとよくなる、と考えました。また『10歳からの民主主義レッスン』の中で、作者は、子どもはかしこい、大人は子どもの声に耳を傾けるべき、大人は細かい問題にとらわれるのに対し、子どもは全体を見ることができ、大人が考えつかないような解決策を見つけられる、子どもの発言の場があまりにも少なすぎる、と述べています。今こそ、子どもも選挙権を持ってよい時代なのではないか、とも。

　作者のほかにも、スウェーデンには、子どもを尊重しよう、と考える

人が多くいるようです。とりわけ有名なのは児童文学作家の、アストリッド・リンドグレーンでしょうか。リンドグレーンは戦争によって傷つけられた子ども、難民の子ども、心も体もつかれきった子どもたちに関心を持ちました。リンドグレーンは子どもに対する暴力の廃止をうったえ、スピーチをしたことでもよく知られています。そのスピーチの内容は、『暴力は絶対だめ！』（アストリッド・リンドグレーン・著、荒井良二・絵、石井登志子・訳、岩波書店）にのっているので、ぜひ読んでみてください。

　訳者のわたしがこの本を訳していて特に感動したのは、フェミ・クラブのメンバーたちのこの言葉です。「まわりの期待に応えることばかり、考えちゃいけない。他人からどう思われるのかばかり、気にしない。ありのままでいよう。（中略）自分の気持ちに正直になろうよ。そして、したい格好をしよう。それにほかの人も、自由にさせてあげるんだ」

　またエッバのおばあちゃんの言葉にも、印象深いものがたくさんありました。「（男女平等先進国スウェーデンの）今の子が自由なのは、昔の子よりかしこいからじゃない」「わたしたちが今、めぐまれているのは、昔の女の人たちが、権利を勝ち取ってきたからなんだ！」「わたしは、わたしにできることをした。今はあんたがバトンを受け取ったんだ。今は時代がちがうんだ。昔とは別のやり方でやらなくちゃ。それに新しいアイディアも、今若いあんたたちが考え出せるはずだよ！」

　この本が読者のみなさんが自由に、ありのままに、自分らしく生きる助けになれば、訳者として、とてもうれしいです。

枇谷玲子

サッサ・ブーレグレーン
Sassa Buregren

1953年生まれ。作家、画家。スウェーデン芸術家協会、スウェーデン作家協会会員、2002年『10歳からの民主主義レッスン』(2009年、明石書店、二文字理明・訳)でカール・フォン・リンネ賞(年間最優良児童青少年ノンフィクション部門)を受賞。多くの児童書を発表している。民主主義と平等について(参政権がない子どもがどうやって社会に影響を及ぼすことができるか?)、子ども向けのワークショップを行う。スウェーデン在住。

枇谷玲子
ひだに・れいこ

1980年、富山県生まれ。2003年、デンマーク教育大学児童文学センターに留学(学位未取得)。2005年、大阪外国語大学(現大阪大学)卒業。在学中の2005年に翻訳家デビュー。北欧の児童書などの紹介に注力している。主な訳書に、『キュッパのはくぶつかん』(福音館書店)、『カンヴァスの向こう側』(評論社)、『自分で考えよう──世界を知るための哲学入門』(晶文社)などがある。

北欧に学ぶ小さなフェミニストの本

2018年5月31日　第1刷発行	発行者／岩崎夏海
	編集担当／佐々木幹子
	発行所／株式会社 岩崎書店
	〒112-0005 東京都文京区水道1-9-2
	電話 03-3812-9131(営業) 03-3813-5526(編集)
	振替 00170-5-96822
作／サッサ・ブーレグレーン	印刷所／三美印刷株式会社
訳／枇谷玲子	製本所／株式会社若林製本工場
日本語版装丁／城所潤+大谷浩介(ジュン・キドコロ・デザイン)	

Japanese rights©2018 IWASAKI Publishing Co.,Ltd. Japanese text©Reiko Hidani Printed in Japan
NDC367 ISBN 978-4-265-86044-9
◎岩崎書店ホームページ　http://www.iwasakishoten.co.jp
◎ご意見、ご感想をお寄せ下さい。 E-mail hiroba@iwasakishoten.co.jp

乱丁本、落丁本は小社負担でおとりかえいたします。本書のコピー、スキャン、デジタル化等の無断複製は著作権法上での例外を除き禁じられています。本書を代行業者等の第三者に依頼してスキャンやデジタル化することは、たとえ個人や家庭内での利用であっても一切認められておりません。